어려운 문제를 해결해야 훌륭해지는 거야

너는 꿈을 어떻게 이룰래? 2

리앙즈웬 지음 | 이종순 옮김

HANEON.COM

너는 꿈을 어떻게 이룰래? 2
어려운 문제를 해결해야 훌륭해지는 거야

펴 냄   2006년 5월 1일 1판 1쇄 박음 | 2006년 8월 15일 1판 2쇄 펴냄
지은이   리앙즈웬(梁志援)
옮긴이   이종순
펴낸이   김철종
펴낸곳   (주)한언
          등록번호 제1-128호 / 등록일자 1983. 9. 30
주 소   서울시 마포구 신수동 63-14 구 프라자 6층(우 121-854)
          TEL. 02-701-6616(대) / FAX. 02-701-4449
책임편집 김훈태 htkim@haneon.com
디자인   차귀령 krcha@haneon.com
일러스트 김신애 sakim@haneon.com
홈페이지 www.haneon.com
e-mail   haneon@haneon.com
          이 책의 무단전재 및 복제를 금합니다.
          잘못 만들어진 책은 구입하신 서점에서 바꾸어 드립니다.

          ISBN 89-5596-333-5 44320
          ISBN 89-5596-329-7 44320(세트)

너는 꿈을 어떻게 이룰래? 2

꿈꾸는 아이들에게는
지식을 선물할 것이 아니라
지혜를 선물해야 합니다.

머리말

어린이들에게 지혜의 문을 열어주자

이 책은 왜 출간되었는가?

오늘날처럼 급변하는 시대에 전통적인 교육 시스템은 새로운 욕구를 만족시키지 못하는 경우가 많다. 일상생활에서 반드시 필요한 시간관리, 금전관리, 인간관계, 목표설정, 리더십, 문제해결 능력 등은 전통적인 교육방식으로는 배울 수 없는 것들이다. 〈너는 꿈을 어떻게 이룰래?〉 시리즈는 바로 이러한 문제인식에서 출발하여 출간되었다. 이 시리즈는 동시대와 호흡하고 있는 여러 분야의 대가들의 지혜를 모델로 삼았으며, 그들의 사고방식(Thinking Model)을 재미있는 이야기로 엮었다. 또한 다양한 심리학적 지식을 참고하고 그 방법을 적용하여 학생들의 이해력을 돕고자 노력했다.

이 책은 누구를 위한 것인가?

이 책은 초등학교 4학년부터 중학교 3학년(약 9~15세) 학생들이 앞으로 인생을 살아가는 데 꼭 필요한 인성을 익힐 수 있도록 집필되었다. 만약 어린 학생이 이 책을 본다면 선생님과 부모님들은 그들의 이해 수준에 따라 적절한 설명을 곁들여야 효과가 클 것이다. 연습문제는 그대로 따라 풀 수 있도록 구성하였다. 물론 이 책은 성인들에게도 도움이 된다고 생각한다. 다만, 어린이들은 사물에 호기심이 많고 이해가 빠르기 때문에 사고방식 훈련에 더욱 좋은 효과가 있으리라 생각한다.

선생님과 부모님들은 이 책을 어떻게 활용해야 할까?

선생님과 부모님들은 먼저 지문의 요점을 이해한 다음, 아이들에게 설명하고 연습문제를 풀게 한다. 또 선생님과 부모님은 아이들의 인성교육에 있어 훌륭한 조언자이기 때문에 그들의 모범이 되어야 하며, 자신의 경험에 비추어 학생들과 함께 답안을 작성하고 느낀 점에 대해 토론해야 한다. 이 과정에서 학생들의 다양한 생각을 북돋워주고, 그 사고방식이 학생들의 생활에 소중한 가치관으로 자리 잡게 하며 이를 습관화하도록 도와준다. 그럼으로써 어른들은 자신의 삶을 되돌아볼 수 있고, 아이들의 인생은 보다 풍요롭고 행복해질 것이다.

이 책은 정답이 없다!

　책 뒷부분에 제시된 답안은 학생들의 올바른 사고방식과 가치관 형성을 돕고자 하는 참고답안일 뿐 정답이 아니라는 점을 말해두고 싶다. 다양한 사고방식과 개인의 견해 차이를 인정해야 하기 때문이다. 참고답안에 얽매이기보다는 자유로운 토론과 사고를 통해 온전히 자신의 지혜로 만들기 바란다.

죽은 지식과 살아 있는 지혜

　초등학교를 졸업할 때쯤 아이들의 신체조건, 지적 수준, 사고 능력은 거의 비슷하다고 할 수 있다. 그러나 오랜 세월이 지난 후 그 결과는 사뭇 다르다. 아마도 이러한 결과를 운의 몫으로 돌리는 사람도 있을 것이다. 어떤 사람들은 운이 따르지 않아서 성공할 수 없었고, 어떤 사람들은 운 좋게 귀인을 만나 성공했다고 생각할 수도 있다. 그렇다면 행운 외에 다른 이유는 없는 것일까? 한 학년의 학업을 마쳤다는 것은 학교에서 배운 지식과 능력이 다른 사람과 별 차이가 없다는 것을 의미한다. 그런데 왜 일부분의 사람들만 배운 지식을 자유자재로 활용할 수 있을까? 그것은 그들에게 또 다른 '살아있는 지혜가 있기 때문이다.

　지식사회에서 살고 있는 우리는 그 어느 때보다 지식에 대한 욕구가 간절하다. 우리는 반드시 이전보다 더 치열하게 학습하고 많은 시간을 투자해야 한다. 예를 들면 대학을 졸업하고 나서도 전공 관련 자격증을 취득하거나 앞으로 생계유지에 필요한 전문기술을 배워야 한다. 기초적인 전문기술이 우리의 경쟁력을 높여주고, 생계유지 차원에서 도움이 된다는 것은 의심할 여지가 없다. 그러나 이런 '죽은 지식'을 자유자재로 활용하려면 반드시 '산지식'을 자유자재로 활용할 수 있는 능력이 필요하다. 그렇다면 '산지식'을 활용할 수 있는 능력이란 무엇인가?

　유명한 미래학자 존 나이스비트_John Naisbitt_는 지식사회에서 다음과 같은 네 가지 기능을 습득해야 한다고 말한다. 그것은 바로 공부하는 방법, 생각하는 방법, 창조하는 방법, 교제하는 방법이다.

　같은 분야의 전문 자격증을 취득한 엔지니어 두 명이 있었다. 그중 A라는 사람은 공부하는 방법을 알고 있었기 때문에 급속하게 변화하는 시장의 요구에 맞춰 신제품 관련 지식을 파악할 수 있었고, 사람들과 교제하는 방법과 표현능력이 뛰어났기 때문에 더 많은 주문을 받을 수 있었다. 또한 창의적인 사고방식을 가지고 있어서 어려운 문제에 봉착했을 때 빠르고 쉽게 해결할 수 있었다. 그리고 과거를 반성하고 미래를 예측할 수 있는 혜안 덕분에 더욱 많은 기회를 잡을 수 있었다. 그러나 B라는 사람은 A처럼 그렇지 못했기 때문에 그에 비해 성공적인 삶을 살지 못했다.

죽은 지식과 산지식 사이에는 다음과 같은 차이점이 있다.

* 죽은 지식은 쉽게 시대에 뒤떨어지고 새로운 지식에 자리를 내주지만, 산지식은 평생 활용이 가능하다.
* 죽은 지식을 습득하는 데는 많은 시간이 필요하지만, 산지식은 짧은 시간 안에 쉽게 배울 수 있다. 그러나 산지식을 이해할 수도 인정할 수도 없는 사람들은 평생 걸려도 배우지 못한다.
* 죽은 지식은 일반적으로 학교에서 교과과정을 통해 배울 수 있지만, 산지식은 언제 어디서나 정해진 틀에 얽매이지 않고 배울 수 있다.
* 죽은 지식은 평가가 가능하지만, 산지식은 정확하게 평가하기가 어렵고 긴 시간이 지나야 그 결과를 통해 알 수 있다. 그러나 확실하게 산지식을 배울 수 있다면 그 효과는 굉장하다.

성공한 사람들의 공통점이 있다면 그들은 산지식의 소유자라는 것이다. 리앙즈 웬 선생이 쓴 〈너는 꿈을 어떻게 이룰래?〉 시리즈는 바로 세계적인 교육의 새로운 흐름에 따라 집필된 '산지식' 이라 하겠다. 이 시리즈는 지식사회가 요구하는 인재육성을 위한 훌륭한 교과서다. 이 책의 특징은 어려운 문장은 피하고, 간결하고 정확한 언어를 사용했다는 점이다. 연습문제를 통해 학생들이 쉽게 이해하고, 그

숨은 뜻을 바로 습득할 수 있도록 구성했다. 즉, 이 책에서 제기된 많은 지식들은 사람들이 평생 배워도 체계적으로 터득하기 어려운 산지식이라고 자신 있게 말할 수 있다. 아이들이 이 시리즈를 통해 평생 사는 데 도움이 되는 훌륭한 지혜들을 얻기 바란다.

—존 라우 〈너는 꿈을 어떻게 이룰래?〉 시리즈 고문

문제해결은 성공의 시작이다

일상생활에서 어떤 어려운 문제와 부딪치면 우리는 그 문제를 해결해야 한다. 물론 학생들도 예외는 아니다. 예를 들면 친구 사귀기, 공부하기, 시험 스트레스나 가족 간의 관계와 관련된 문제들이 있다. 그러나 우리가 태어나서부터 문제해결 능력을 가지고 있는 것은 아니다. 문제가 생기면 그것을 분석하고 해결해나가는 과정을 통해 우리는 문제해결 능력을 키울 수 있다. 문제해결이란 바로 현실과 기대치의 차이를 해소하는 것이다. 또한 문제해결 능력은 우수한 인재들의 가장 돋보이는 부분이기도 하다. 즉, 성공하려면 문제해결을 잘 해야 한다.

우리는 모두 해결해야 할 문제가 있으며, 모든 문제를 혼자 해결할 수는 없다. 그러나 문제해결 능력은 그림을 그리거나 요리하는 것과 마찬가지로 체험이나 연습을 통해 배울 수 있다. 미국의 패레네스 *Parenes* 박사가 내놓은 '창의적인 문제해결법(Creative Problem Solving, CPS)'은 체계적이고 효율적이어서 우리가 쉽게 배울 수 있다. 이 모델에 따라 문제해결 과정을 다음과 같이 6단계로 나눌 수 있다.

1. 문제 발견하기 : 지금의 상황 또는 부딪칠 수 있는 문제를 생각한다.
2. 자료찾기 : 자세한 자료를 많이 수집하며 논리적으로 연구하고 분석한다.
3. 분석하기 : 다양한 방법으로 문제의 원인을 분석하고 그 중요도를 판단한다.
4. 구상하기 : 다양한 방법으로 독특한 문제해결 방법을 구상한다.
5. 해결방법 선택하기 : 문제해결의 원칙을 선택하여 기준으로 삼고 평가한다.
6. 실행계획 짜기 : 해야 할 일, 필요한 사람과 자원, 일의 순서를 정한다.

이 책의 목적은 문제해결 모델을 재미있는 이야기와 문제로 만들어 아이들이 적극적으로 지혜를 얻고 깨닫도록 하는 데 있다. 앞으로 여러분이 문제에 부딪쳤을 때 위의 방법으로 효율적인 해결방법을 찾기 바란다.

차례

문제란 무엇인가?

문제란 어려운 것이다

우리는 일상생활에서 늘 어떤 문제에 부딪치게 된다. 중요하고 어려운 문제가 있는 반면 사소하고 쉬운 문제도 있다. 그러나 일반적으로 '어떤 문제가 있다'는 말은 번거롭고 해결하기 어려운 일에 직면해 있음을 의미한다. '어려움'과 '문제'는 같은 개념이므로 어려움이 없다면 문제도 없는 것이다.

1 누가 커튼을 열었을까?

미국 워싱턴에 오래된 빌딩 하나가 있었다. 그런데 그 빌딩은 웬일인지 벽에 금이 가 있었다. 보수공사를 위해 전문가들이 건물 이곳저곳을 검사하기 시작했다. 처음에 그들은 표면에 금이 간 원인을 부식성이 강한 산성비 때문이라고 생각했다. 그러나 전문가들의 연구결과, 벽이 부식된 직접적인 원인은 매일 벽을 청소하면서 산성이 강한 세제를 썼기 때문이라고 밝혀졌다.

- 왜 매일 물로 벽을 씻어냈을까? 새똥이 벽에 많이 묻어 있기 때문이다.

- 새똥은 왜 그렇게 많을까? 빌딩 주위에 제비들이 많이 모여 있기 때문이다.

- 제비는 왜 그렇게 많을까? 제비가 먹기 좋아하는 거미가 벽에 많기 때문이다.

- 거미는 왜 그렇게 많을까? 빌딩에 거미들이 즐겨먹는 날벌레가 많기 때문이다.

- 날벌레는 왜 그렇게 많을까? 빌딩에서 날벌레 번식이 유난히 빠르기 때문이다.

- 날벌레는 왜 빌딩 주위에서 번식이 빠를까? 창문이 열려 있고 햇빛이 충분해서

날벌레가 살기 좋기 때문이다.

이 문제를 해결하려면 빌딩의 모든 커튼을 치면 된다. 전문가들이 내놓은 복잡하고도 거창한 수리 대책은 쓸모 없게 되었다.

01 맨 처음 사람들은 빌딩의 표면을 파괴하는 원인이 뭐라고 생각했는가?
- ☐ 가. 빛
- ☐ 나. 날벌레
- ☐ 다. 산성비
- ☐ 라. 모래먼지

02 전문가들은 빌딩의 표면을 파괴하는 원인이 뭐라고 생각했는가?
- ☐ 가. 모래먼지
- ☐ 나. 새똥
- ☐ 다. 거미
- ☐ 라. 산성이 강한 세제

03 무엇 때문에 매일 벽 청소를 해야 했는가?
- ☐ 가. 벽에 광고가 많이 붙어 있어서
- ☐ 나. 벽에 새똥이 많이 붙어서
- ☐ 다. 벽에 날벌레가 많이 붙어서
- ☐ 라. 벽에 먼지가 많이 묻어서

04 제비는 무엇 때문에 그렇게 많았는가?

　□ 가. 제비의 먹이인 날벌레가 많아서

　□ 나. 제비의 먹이인 거미가 많아서

　□ 다. 제비의 먹이인 개미가 많아서

　□ 라. 제비의 먹이인 풀이 많아서

05 날벌레는 무엇 때문에 그렇게 많았는가?

　□ 가. 날벌레가 번식하기에 적합해서

　□ 나. 날벌레를 잡아먹을 천적이 없어서

　□ 다. 날벌레의 먹이가 많아서

　□ 라. 날벌레와 비슷한 벌레들이 많아서

06 그 빌딩은 왜 날벌레가 번식하기에 좋은 곳인가?

　□ 가. 공기가 잘 통하므로

　□ 나. 장소가 넓으므로

　□ 다. 햇빛이 충분하므로

　□ 라. 먹을 것이 많으므로

07 금이 간 벽을 수리 할 수 있는 방법은?

　□ 가. 빌딩의 모든 전원을 끈다.

　□ 나. 빌딩에서 물을 사용하지 않는다.

　□ 다. 빌딩의 모든 문과 창문을 닫는다.

　□ 라. 빌딩의 모든 커튼을 친다.

08 이 이야기를 통해 무엇을 깨달았는가? (정답을 모두 고르세요)

□ 가. 문제의 근본원인을 먼저 알아야 한다.

□ 나. 문제의 원인을 알면 아주 간단하게 해결할 수 있다.

□ 다. 자료를 수집해야 한다.

□ 라. 문제에 대해 깊이 연구해야 한다.

□ 마. 원인을 잘 모른다면 전문가에게 도움을 요청한다.

□ 바. 작은 문제가 큰 문제로 바뀔 수 있다.

□ 사. 원인에 대해 생각해보지 않고 문제를 해결할 수 있다.

□ 아. 문제를 해결하려면 전문가가 반드시 필요하다.

□ 자. 문제는 무조건 빨리 처리하는 것이 좋다.

2 문제란 무엇인가?

□ 가. 해결하기 어려운 일

□ 나. 곤혹스러운 일

□ 다. 예측불가능한 일

□ 라. 잘 모르는 일

□ 마. 의견이 엇갈리는 일

□ 바. 일이 잘못되도록 방해하는 일

□ 사. 해결할 수 없는 일

□ 아. 스스로 끝낼 수 있는 일

□ 자. 고민할 필요가 없는 일

□ 차. 기쁜 일

3 나의 문제

모든 사람들은 해결해야 할 문제가 있다. 지금 여러분의 문제를 아래에 적어보자.

예 친한 친구의 기분을 상하게 했는데 어떻게 사과해야 할지 모르겠다.

예 친구가 나의 말을 오해했는데 나는 어떻게 해야 할지 모르겠다.

예 아빠가 컴퓨터 게임을 못하게 해서인지 친구들과 잘 어울리지 못한다.

자신의 문제를 찾아내고 써본다면 용기와 능력을 가지고 문제를 해결할 수 있다.

4 문제란 목표와 현실의 차이다

문제가 생겼을 때 여러분은 자신의 '목표'와 '현실'의 차이점을 발견할 수 있다. 예를 들어 어떤 병에 걸렸을 때 여러분의 '현실'은 몸이 아픈 것이고, 여러분의 '목표'는 건강을 회복하는 것이다. 그렇다면 '문제'란 무엇과 무엇의 차이인가?

　□ 가. 과거–미래

　□ 나. 열등–우수

　□ 다. 단점–장점

　□ 라. 현실–목표

 제1과 학습 포인트

> ✓ 문제는 어려움과 같은 말이다.
>
> ✓ 해결할 문제가 없는 사람은 없다.
>
> ✓ 문제를 해결할 수 있는 방법은 생각을 통해 찾을 수 있다.
>
> ✓ 자신의 '현실'과 '목표'의 차이를 문제라고 한다.

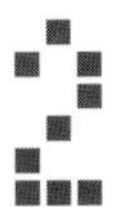

문제해결의 순서

문제해결에는 순서가 있다

문제해결은 우리가 일상생활에서 반드시 겪어야 하는 일이다. 때문에 우리는 문제해결 능력을 갖추어야 한다. 그렇다면 문제해결은 어떻게 해야 하는가? 문제가 생겼다고 해서 무턱대고 뛰어들어야 하는 것은 아니다. 문제를 해결하는 데도 여러 단계가 필요하다. 그 순서를 따를 때 비로소 진정한 문제해결에 도달할 수 있다.

아래의 예는 문제해결을 위한 5단계 순서다. 각각의 단계마다 해야 할 일을 자세히 읽어보고 이해하자.

1단계	문제는 무엇인가?	독서에 취미가 없다
2단계	문제의 원인 밝히기	1)독서하는 습관이 없다
		2)독서가 재미없다
		3)공부에 대한 성취감이 없다
3단계	해결방법 고민하기	①독서하는 습관을 기른다
		②좋아하거나 관심 있는 책을 읽는다
		③확실한 목표를 세우고 책을 읽는다
		④독서하는 방법을 배운다
		⑤다른 사람들의 독서체험담을 듣는다
4단계	해결방법 평가하기	①의 장점: 습관은 평생 간다
		단점: 결심과 끈기가 필요하다
		②의 장점: 독서에 대한 호기심을 이끌어낸다

	단점 : 독서의 범위가 좁아진다
	③의 장점 : 방향과 목표를 잘 알 수 있다
	단점 : 다른 사람의 지도가 필요하다
	④의 장점 : 독서 효율을 높일 수 있다
	단점 : 다른 사람의 방법이 꼭 옳다고 할 수 없다
	⑤의 장점 : 다른 사람의 경험을 배울 수 있다
	단점 : 모든 사람들이 같다고 할 수 없다
5단계 해결해결방법 선택하기	④독서하는 방법을 배워 독서 효율을 높인다

연습 문제

단비는 학교에서 하는 야영캠프에 참가하고 싶어 한다. 그러나 단비의 부모님은 야영캠프가 시간낭비이고 공부에 지장을 주는 활동이라고 반대한다. 여러분이라면 어떻게 이 문제를 해결할 것인지 위의 문제 해결을 위한 5단계를 참고해 직접 적어 보자.

1단계	문제는 무엇인가?	
2단계	문제의 원인 밝히기	1)
		2)
		3)
3단계	해결방법 고민하기	①
		②
		③
		④
		⑤

4단계   해결방법 평가하기   ①의 장점:

                                    단점:

                                  ②의 장점:

                                    단점:

                                  ③의 장점:

                                    단점:

                                  ④의 장점:

                                    단점:

                                  ⑤의 장점:

                                    단점:

5단계   해결방법 선택하기

 제 2과 학습 포인트

✓ 문제해결은 우리가 일상생활에서 필연적으로 부딪치는 일이다.

✓ 문제해결을 위한 5단계

  1. 문제가 무엇인지 확인하다.

  2. 문제의 원인을 분석한다.

  3. 해결방법을 찾는다.

  4. 여러 가지 해결방법을 평가한다.

  5. 해결방법을 선택한다.

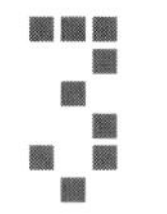

1단계 : 문제 발견하기

창의적인 문제해결의 모델

문제해결은 모든 사람들이 반드시 갖춰야 할 능력이다. 예를 들면 시험 성적이 떨어지거나 친구와 사이가 나빠지는 경우다. 그런 문제들을 극복하기 위해서 우리는 반드시 문제해결 능력을 키워야 한다. 문제해결 능력은 그림을 그리거나 요리하는 것처럼 연습을 통해 배울 수 있다. 미국의 학자 패레네스가 제시한 '창의적인 문제해결 방법'은 효율적으로 문제를 해결하는 데 도움을 준다. 그는 문제해결 과정을 여섯 가지 단계로 나누었다. 1)문제 발견하기, 2)자료찾기, 3)분석하기, 4)구상하기, 5)해결방법 선택하기, 6) 실행계획 짜기

1단계 : 문제 발견하기

문제를 발견한다는 것은 곧 자신의 지난 경험과 지식을 참고하여 현재의 상황과 앞으로 일어날 수 있는 여러 가지 문제들을 생각하는 것이다. 마치 우리가 아플 때 먼저 자신의 증상을 발견하고 앞으로 그 증상이 어떻게 될지 예상하는 것과 같다.

예 자신감 부족/몸무게 증가/시험성적 떨어짐

연습1 : 자기 평가하기

아래의 빈 칸에 적절한 점수를 적어보자.

＊참고

    1점은 매우 불만족, 2점은 불만족, 3점 보통, 4점은 만족, 5점은 매우 만족

외모

머리 모양 _______________   몸무게 _______________

옷차림 _______________   (   ) _______________

능력

돈 관리 _______________   학습 _______________

창의력 _______________   (   ) _______________

성격

사랑하는 마음 _________   친절 _______________

배려 _______________   대범 _______________

낙관적 _______________   겸손 _______________

자신감 _______________   용서 _______________

(   ) _______________

건강

수면 _______________   운동 _______________

식사 _______________   휴식 _______________

(   ) _______________

인간관계

가족 _______________   친구 _______________

친척 _______________   (   ) _______________

01 여러분이 가장 빨리 해결해야 할 문제는 무엇인가?

　　예 다이어트를 해야 한다. 비만은 나의 건강을 해친다.

____

____

____

문제를 알았다면 바로 행동하라. 지체하면 문제는 더 심각해진다.

CHAPTER 3

02 여러분이 가장 해결하고 싶은 문제는 무엇인가?

　　예 다른 사람에게 너무 쉽게 화를 낸다.

____

____

____

여러분의 행동을 결정하는 것은 바로 '자신' 이다. 마음만 먹으면 고칠 수 있다.

연습2 : 고쳐야 할 부분

여러분의 집과 학교를 자세히 관찰해보고, 고쳐야 할 부분을 찾아낸 다음 그 원인을 생각해보자. 이 연습의 목적은 여러분이 어떤 일이든지 올바른 사고로 문제를 해결할 수 있도록 도와주는 것이다(무슨 일이든 남에게 책임을 떠넘기는 습관을 고치자).

고쳐야 할 부분	원인
예 1)문	닫을 때 '삐걱' 소리가 난다
예 2)벽지	벗겨져 떨어지기 시작한다
예 3)마루 바닥	때가 많이 묻었다
예 4)침대	너무 비좁다
예 5)에어콘	냉방이 잘 되지 않는다

01 여러분이 가장 빨리 해결해야 할 문제는 무엇인가?

⑩ 모기장 고치기 / 일본뇌염 모기가 곧 극성을 부릴 것 같다.

____

____

____

무엇 때문에 이 문제를 빨리 해결해야 하는가? 이 일을 뒤로 미룬 적이 있는가?

02 여러분이 가장 해결하고 싶은 문제는 무엇인가?

⑩ 컴퓨터 고치기 / 작업하는 도중 자꾸 말썽을 일으킨다.

____

____

____

여러분이 가지고 있는 것(시간, 재능, 돈)으로 고칠 수 있는지 생각해보자.

 제 3과 **학습 포인트**

1단계 : 문제 발견하기

✓ 창의적인 문제해결은 여섯 가지 단계로 이루어진다.

①문제 발견하기 ➡ ②자료찾기 ➡ ③분석하기 ➡ ④구상하기

➡ ⑤해결방법 선택하기 ➡ ⑥실행계획 짜기

✓ 1단계 : 문제 발견하기

－지금의 상황과 앞으로 나타날 수 있는 많은 문제를 생각한다.

－자신 또는 주변의 고쳐야 할 문제에 항상 관심을 갖는다.

4 | '문제 발견하기'를 연습하다

문제 발견하기는 창의적인 문제해결의 첫 번째 과정이다. 이 단계에서는 지금의 상황과 앞으로 나타날 수 있는 문제를 생각해야 한다. 어리석은 사람들은 문제가 무엇인지도 모른다. 자신에게 무슨 문제가 있는지도 모르는데 어떻게 문제를 해결할 수 있겠는가? 문제 발견하기가 중요한 이유는 바로 이 때문이다.

연습1 : 자신의 행동 평가하기

여러분의 부모님과 선생님, 친구들은 우리가 어떤 일을 해내고 목표를 달성하기를 기대한다. 그러나 여러분의 생각과 그들의 기대가 어긋날 때 바로 문제가 생긴다. 여기서 여러분은 자신의 행동이나 생각이 적절하지 않다는 것을 알게 된다. 아래의 상황에 따라 해당하는 점수에 동그라미를 쳐보자.

*참고
> 1점은 가장 적절치 않음, 7점은 가장 적절함을 의미한다. 각각의 점수를 더해 여러분의 총점을 직접 매겨보자.

다른 사람들의 희망사항	적절성 평가
1)매 과목의 성적이 80점을 넘는다.	1 2 3 4 5 6 7
2)매일 학교에 지각하지 않는다.	1 2 3 4 5 6 7
3)매일 일기를 쓴다.	1 2 3 4 5 6 7
4)제때 숙제를 제출한다.	1 2 3 4 5 6 7
5)매일 자신의 물건을 정리한다.	1 2 3 4 5 6 7
____________________	1 2 3 4 5 6 7
____________________	1 2 3 4 5 6 7

_______________________   1 2 3 4 5 6 7

_______________________   1 2 3 4 5 6 7

_______________________   1 2 3 4 5 6 7

_______________________   1 2 3 4 5 6 7

여러분의 행동이 다른 사람들의 기대에 크게 어긋난다고 생각되는 문제(점수가 4 미만인 경우)는 무엇인가? 그 원인을 한번 생각해보자.

＊참고

학습지도 : 여러분은 부모님이나 선생님과 같은 생각, 같은 관점, 같은 가치관을 갖기 바랄 것이다. 점수가 낮은 항목은 심각한 문제들이므로 선생님이나 부모님과 대화를 통해 해결해야 한다. 이렇게 해야 앞으로 일어날 문제를 막을 수 있다. 이 연습의 목적은 문제의 원인이 서로 다른 관점 때문에 생긴다는 점을 알려주는 것이다.

연습2 : 도전 21세기

우리는 하루하루가 급변하는 시대에 살고 있으며 해결해야 할 문제들도 매우 많다. 다음 분류에 따라 여러분이 관심을 가져야 하는 사회문제에 ✓표시하자. 이를 연습하는 목적은 여러분이 사회문제에 많은 관심을 갖도록 하기 위해서다(문제마다 여러 개의 답이 있을 수 있음).

01 경제 문제

☐ 가. 정부의 재정적자

☐ 나. 학생들의 우리말 능력 저하

☐ 다. 인구의 노령화

☐ 라. 시민들의 소비 능력 저하

02 환경 문제

  □ 가. 갯벌 간척하기

  □ 나. 공기오염

  □ 다. 학생들의 자살

  □ 라. 인종차별

03 노동 문제

  □ 가. 노동밀집형 산업에 대한 수요가 적어진다.

  □ 나. 높은 실업률

  □ 다. 사람들이 책을 잘 읽지 않는다.

  □ 라. 북한의 핵 문제

04 교육 문제

  □ 가. 사교육비 증가

  □ 나. 한 학급당 학생수가 너무 많다.

  □ 다. 국회의원 선거

  □ 라. 이혼율 급증

05 에너지 문제

  □ 가. 에너지 부족

  □ 나. 유가 상승

  □ 다. 컴퓨터 바이러스

  □ 라. 출생률 저하

06 교통 문제

    □ 가. 교통비가 비싸다.

    □ 나. 교통체증이 심각하다.

    □ 다. 불법복제 CD가 범람하고 있다.

    □ 라. 학생들의 시험부담 증가

07 주택 문제

    □ 가. 낙후된 지역을 재개발한다.

    □ 나. 아파트 가격이 너무 높다.

    □ 다. 가정폭력 증가

    □ 라. 노인들의 자살

08 복지 문제

    □ 가. 가난한 사람들에 대한 의료비 면제

    □ 나. 사회복지에 대한 정부의 예산 감소

    □ 다. 장마철 홍수 피해

    □ 라. 지구 온난화

09 종교 문제

    □ 가. 사이비 종교 집단

    □ 나. 종교의 자유가 없다.

    □ 다. 범죄율 증가

    □ 라. 빈부격차가 심하다.

CHAPTER 4

10 인간관계

□ 가. 개인주의가 심해지고 있다.

□ 나. 상대방을 배려하는 마음이 부족하다.

□ 다. 월급 감소

□ 라. 높은 실업률

11 인구 문제

□ 가. 인구고령화

□ 나. 출생률 저하

□ 다. 들쑥날쑥한 기차 시간

□ 라. 신용불량자 증가

 **제 4과 학습 포인트**

✓ 다른 사람들의 느낌, 가치관을 이해하고 의견의 차이점을 찾아야 한다.

✓ 모든 것이 빨리 바뀌는 21세기에는 많은 문제들이 생겨나고 있다.

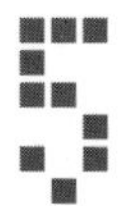

2단계 : 자료찾기

2단계 : 자료찾기

가능한 한 많은 자료들을 수집하여 자세히 분석함으로써 여러분은 문제해결의 단서를 찾을 수 있다. 마치 의사가 처음 환자를 진찰할 때 환자의 증세와 생활습관을 자세히 물어보고 분석하여 병의 원인과 치료 방법을 찾아내는 것과 같다.

연습1 : 뉴스 속보

만약 TV 방송국의 기자로서 교통사고를 보도한다면 어떤 자료를 찾을 것인가?

＊참고

방법 : 육하원칙의 방법으로 사고 상황을 정확히 보도한다.

즉, '누가·어디서·언제·무엇을·왜·어떻게'로 시작하는 질문을 한다.

01 이번 사고는 어떤 사람들과 관련 있는가?

☐ 가. 누가

☐ 나. 어디서

☐ 다. 언제

☐ 라. 무엇을

☐ 마. 왜

☐ 바. 어떻게

02 이번 사고로 어떤 사람들이 사망했는가?

    ☐ 가. 누가

    ☐ 나. 어디서

    ☐ 다. 언제

    ☐ 라. 무엇을

    ☐ 마. 왜

    ☐ 바. 어떻게

03 사고는 어디에서 발생했는가?

    ☐ 가. 누가

    ☐ 나. 어디서

    ☐ 다. 언제

    ☐ 라. 무엇을

    ☐ 마. 왜

    ☐ 바. 어떻게

04 이번 사고는 어떻게 일어났는가?

    ☐ 가. 누가

    ☐ 나. 어디서

    ☐ 다. 언제

    ☐ 라. 무엇을

    ☐ 마. 왜

    ☐ 바. 어떻게

05 사고는 어느 시간에 일어났는가?

☐ 가. 누가

☐ 나. 어디서

☐ 다. 언제

☐ 라. 무엇을

☐ 마. 왜

☐ 바. 어떻게

06 무엇 때문에 이런 사고가 일어났는가?

☐ 가. 누가

☐ 나. 어디서

☐ 다. 언제

☐ 라. 무엇을

☐ 마. 왜

☐ 바. 어떻게

07 어떻게 하면 이번 사고를 피할 수 있었을까?

☐ 가. 누가

☐ 나. 어디서

☐ 다. 언제

☐ 라. 무엇을

☐ 마. 왜

☐ 바. 어떻게

08 사망자의 나이는?

☐ 가. 누가

☐ 나. 어디서

□다. 언제

□라. 무엇을

□마. 왜

□바. 어떻게

09 같은 사고가 일어난 적이 있는가?

□가. 누가

□나. 어디서

□다. 언제

□라. 무엇을

□마. 왜

□바. 어떻게

10 사고현장은 어떤 곳인가?

□가. 누가

□나. 어디서

□다. 언제

□라. 무엇을

□마. 왜

□바. 어떻게

11 어떤 상황에서 이런 사고가 일어날 수 있을까?

□가. 누가

□나. 어디서

□다. 언제

□라. 무엇을

□마. 왜

□바. 어떻게

12 어떤 사람들이 책임을 져야 하는가?

　　□ 가. 누가

　　□ 나. 어디서

　　□ 다. 언제

　　□ 라. 무엇을

　　□ 마. 왜

　　□ 바. 어떻게

13 무엇 때문에 그렇게 많은 사람들이 다쳤는가?

　　□ 가. 누가

　　□ 나. 어디서

　　□ 다. 언제

　　□ 라. 무엇을

　　□ 마. 왜

　　□ 바. 어떻게

14 어떻게 하면 구조대가 빨리 도착할 수 있겠는가?

　　□ 가. 누가

　　□ 나. 어디서

　　□ 다. 언제

　　□ 라. 무엇을

　　□ 마. 왜

　　□ 바. 어떻게

연습2 : 활동평가

야영캠프에서 했던 프로그램에 대해 친구들에게 설문조사를 하려고 한다. 다음 중
적절한 질문을 골라보자.

01 프로그램의 난이도는 어떠했는가?
　　□ 적절함　　　　　□ 적절치 않음

02 필기도구는 무엇을 썼는가?
　　□ 적절함　　　　　□ 적절치 않음

03 지도 선생님의 수업준비 상황은 어떠했는가?
　　□ 적절함　　　　　□ 적절치 않음

04 지도 선생님의 표현방식은 어떠했는가?
　　□ 적절함　　　　　□ 적절치 않음

05 지도 선생님의 머리 모양은 어떠했는가?
　　□ 적절함　　　　　□ 적절치 않음

06 지도 선생님의 가르치는 방식은 어떠했는가?
　　□ 적절함　　　　　□ 적절치 않음

07 지도 선생님과 학생들 사이의 의사소통은 잘 되었는가?

　　□ 적절함　　　　　□ 적절치 않음

08 지도 선생님의 외모는 어떠했는가?

　　□ 적절함　　　　　□ 적절치 않음

09 프로그램에 대한 시간배정은 어떠했는가?

　　□ 적절함　　　　　□ 적절치 않음

10 특급 호텔과 같은 서비스를 제공받았는가?

　　□ 적절함　　　　　□ 적절치 않음

11 프로그램 내용은 어떠했는가?

　　□ 적절함　　　　　□ 적절치 않음

12 친구들과 함께 할 수 있는 활동이 있었는가?

　　□ 적절함　　　　　□ 적절치 않음

13 야영캠프 장소까지 도착하는 데 시간이 얼마나 걸렸는가?

　　□ 적절함　　　　　□ 적절치 않음

14 교재는 어떤 것을 사용했는가?

☐ 적절함　　　　　☐ 적절치 않음

15 프로그램은 재미있었는가?

☐ 적절함　　　　　☐ 적절치 않음

16 야영캠프에 예쁜 옷을 입고 갔는가?

☐ 적절함　　　　　☐ 적절치 않음

17 프로그램은 유익했는가?

☐ 적절함　　　　　☐ 적절치 않음

18 맛있는 음식이 제공되었는가?

☐ 적절함　　　　　☐ 적절치 않음

19 야영캠프의 샤워 시설은 어떠했는가?

☐ 적절함　　　　　☐ 적절치 않음

제 5과 학습 포인트

2단계 : 자료찾기

✓ 자세한 자료를 수집하여 문제의 해결방법을 찾는다.

✓ 육하원칙을 통해 자세한 자료를 찾는다.

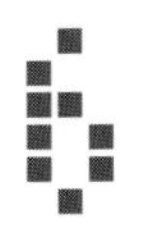

'자료찾기'를 연습하다

자료찾기는 창의적인 문제해결을 위한 2단계 과정이다. 이 단계에서는 가능한 한 상세한 자료를 수집하여 단서를 찾고 문제를 해결해야 한다. 머릿속으로 상상하거나 추리만 한다면 제대로 된 해결방법이 나오지 않는다. 자료가 많으면 많을수록 그 해결방법은 믿을 만한 것이 된다. 많은 자료가 자신의 주장이나 결론을 뒷받침하기 때문이다. 특히 한 번도 경험해보지 않은 경우라면 자료의 힘은 더욱 커진다.

연습1 : 사람 찾기

연락이 끊긴 친구를 찾고자 한다. 다른 사람들에게 친구의 외모를 어떻게 설명할 것인가? 위의 그림을 참고하여 답해보자.

01 성별

　□ 가. 남

　□ 나. 여

CHAPTER 6

02 머리 스타일

☐ 가. 긴 곱슬머리

☐ 나. 짧고 곧은 머리

☐ 다. 길고 곧은 머리

☐ 라. 짧은 곱슬머리

03 얼굴형

☐ 가. 원형

☐ 나. 사각형

☐ 다. 계란형

☐ 라. 역삼각형

04 눈썹

☐ 가. 짧고 굵다.

☐ 나. 짧고 가늘다.

☐ 다. 길고 굵다.

☐ 라. 짧고 굵다.

05 귀

☐ 가. 작고 어울리지 않는다.

☐ 나. 작고 어울린다.

☐ 다. 크고 어울리지 않는다.

☐ 라. 크고 어울린다.

06 입

☐ 가. 크고 어울린다.

☐ 나. 크고 어울리지 않는다.

☐ 다. 작고 어울린다.

☐ 라. 작고 어울리지 않는다.

07 치아

☐ 가. 고르지 않지만 흰 색

☐ 나. 고르고 흰 색

☐ 다. 고르지 않고 누런 색

☐ 라. 고르지만 누런 색

08 눈

☐ 가. 큰 눈에 안경을 썼다.

☐ 나. 작은 눈에 안경을 썼다.

☐ 다. 큰 눈에 안경을 쓰지 않았다.

☐ 라. 작은 눈에 안경을 쓰지 않았다.

09 연령

☐ 가. 0 ~ 15세

☐ 나. 16 ~ 35세

☐ 다. 36 ~ 55세

☐ 라. 56 ~ 75세

10 코

☐ 가. 크고 곧다.

☐ 나. 작고 곧다.

☐ 다. 크고 옆으로 기울어졌다.

☐ 라. 작고 옆으로 기울어졌다.

11 기타

☐ 가. 오른쪽 눈가에 점이 있다.

☐ 나. 아래턱에 점이 있다.

☐ 다. 콧등에 점이 있다.

☐ 라. 왼쪽 눈가에 점이 있다.

연습2 : 친구들의 취미생활 조사하기

선생님을 도와 친구들의 취미생활을 조사하려고 한다. 설문지에 항목을 어떻게 구성해야 할까? 흔히 볼 수 있는 활동에 ✓표시해보자.

＊참고

방법 : 흔한 취미활동은 따로 선정하고 흔히 볼 수 없는 취미활동은 '기타 활동'으로 묶는다.

_____ 영화 보기	_____ 수영
_____ 스키 타기	_____ 달리기
_____ 독서	_____ 악기 다루기
_____ 컴퓨터 게임	_____ 음악회 가기
_____ 윈드서핑	_____ 종교활동
_____ 만화책 보기	_____ 조각
_____ 산책하기	_____ 가곡 감상
_____ 승마	_____ 검도
_____ 극기훈련 참가	_____ 배타기
_____ 보트 타기	_____ 인터넷 이용하기
_____ TV 보기	_____ 여행
_____ 그림 그리기	_____ 노래하기

 **제 6과 학습 포인트**

> ✓ 여러 가지 표를 작성하여 문제해결에 필요한 자료를 수집한다.

3단계 : 분석하기

3단계 : 분석하기

문제해결의 2단계(자료찾기)를 통해 문제에 대한 자세한 자료를 얻을 수 있다. 그러나 많은 자료를 가지고 있다 할지라도 문제의 근본원인이 무엇인지 모를 수 있으며, 같은 문제라도 원인과 그 해석이 서로 다를 수 있다. 이때 우리는 이전과 다른 시각과 방법으로 문제의 원인을 분석해야 하며 문제의 중요도를 결정해야 한다. 마치 의사가 환자의 두통을 진단하고 그에 대한 자세한 자료를 바탕으로 두통의 원인을 찾는 것과 같다.

1 누가 문제의 원인을 발견했는가?

처칠이 영국의 수상이었을 때 미국의 한 외교관이 그에게 금붕어 어항을 선물했다. 그는 이 금붕어 어항을 매우 좋아했다. 그러나 그의 부인이 기르고 있던 고양이가 매일 옆에서 금붕어를 잡아먹으려고 어항을 노려보곤 했다. 어느 날 금붕어 한 마리가 먹이를 먹기 위해 물위로 오르고 있었는데, 옆에 있던 고양이가 막 덮치려고 했다.

"이봐요, 먹이를 더 많이 주세요! 이 금붕어가 아직 먹이를 먹지 못하고 있잖아요!" 부인이 말했다.

"우리는 먼저 고양이 문제부터 해결해야 해요. 그렇지 않으면 금붕어가 고양이에게 잡아먹힐 거요." 처칠은 머리를 절레절레 흔들면서 말했다.

"그럼 고양이를 쫓아버릴까요?" 부인이 물었다.

"아니! 먼저 고양이가 배고프지 않도록 많은 먹이를 줘야 해요." 처칠이 말했다.

이 이야기에서 처칠의 어떤 점을 배웠는가?

☐ 가. 고양이가 배고프지 않도록 먹이를 먹인다.

☐ 나. 문제의 근본원인을 찾으면 쉽게 그 문제를 해결할 수 있다.

☐ 다. 고양이를 키워서는 안 된다.

☐ 라. 부인에게 금붕어 기르는 법을 가르친다.

2 어떤 문제가 있습니까?

환자: 의사선생님, 저는 제 아내에게 밍크코트와 다이아몬드 반지를 선물하고 싶습니다. 그리고 2층 주택에 살면서 보트와 별장, 운전기사가 딸린 고급 자동차를 갖고 싶습니다.

정신과 의사: 그런데 무슨 문제가 있습니까?

환자: 저의 월급이 80만 원밖에 안 된다는 게 문제지요.

이 이야기에서 무엇을 깨달았는가?

☐ 가. 정신과 의사를 찾아갈 것이 아니라 친구에게 말해야 한다.

☐ 나. 비싼 물건을 사서 대리만족을 느껴야 한다.

☐ 다. 사람은 헛된 망상에 빠져서는 안 된다.

☐ 라. 돈을 조금도 쓰지 않고 모두 저축해야 한다.

3 신기한 기술자

어떤 공장의 관리자가 한 기술자에게 기계 수리를 의뢰했다. 그는 나무망치로 밸브를 가볍게 두드리더니 수리를 끝마치고 수리한 대가로 10만 원을 청구했다. 관리자는 무엇 때문에 수리비가 그렇게 많이 든 것인지 묻자 기술자는 이렇게 대답했다. "인건비는 1만 원뿐이지만 어느 부분을 나무망치로 두드려야 하는지 아는 데 9만 원이 들었습니다."

이 이야기에서 무엇을 알게 되었는가?

　□ 가. 어렵더라도 자신이 기계를 수리해야 한다.

　□ 나. 오래된 기계가 고장 나면 새 기계를 사야 한다.

　□ 다. 기계를 조심스럽게 써야 한다.

　□ 라. 문제해결에서 가장 중요한 부분은 문제의 근본원인을 찾는 것이다.

4 배가 아픈 이유

한얼이는 유통기한이 지난 케이크를 먹고 설사를 해서 병원에 갔다. 의사는 그에게 설사 약을 처방해주었다. 며칠이 지난 후 그는 상한 과일을 먹고 구토 증세가 심해져 다시 의사에게 갔고, 의사는 다시 구토 약을 처방해주었다. 또 며칠이 지나 그는 신선하지 않은 조개를 먹고 구토와 설사를 했다. 그는 다시 의사를 찾아갔다. 이번에도 의사는 그에게 약을 처방해주었다.

한얼 : 이것은 무슨 약입니까?

의사 : 눈이 좋아지는 약이에요.

한얼 : 저는 설사를 하는데 왜 이 약을 처방해주는 거죠?

의사 : 다른 곳에 문제가 있다기보다는 시력에 문제가 있기 때문이죠.

이 이야기에서 무엇을 깨달았는가?

　□ 가. 음식을 함부로 먹어서는 안 된다.

　□ 나. 병이 생기면 의사를 찾아가야 한다.

　□ 다. 병의 근본원인에 따라 다른 약을 쓴다.

　□ 라. 의사를 바꿔야 한다.

5 여러분은 무엇을 보았는가?

사물을 관찰하는 방법에는 여러 가지가 있다. 서로 다른 각도에서 아래의 그림을 보고, 자신이 본 그림을 아래 빈 칸에 설명해보자.

  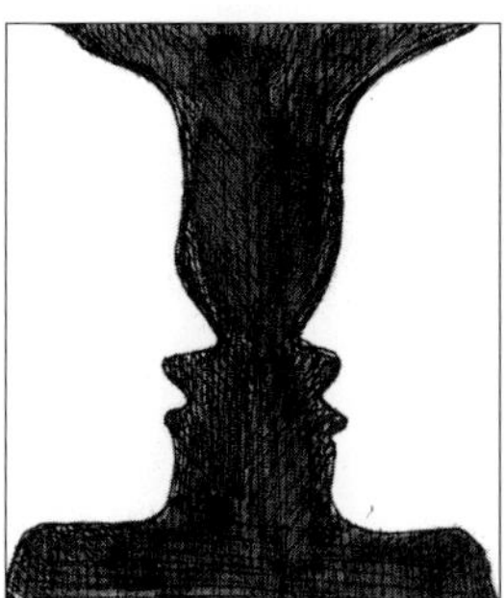

 **제 7과 학습 포인트**

3단계 : 분석하기

✓ 서로 다른 각도와 방법으로 문제의 원인을 분석한다.

✓ 문제의 근본원인을 찾으면 쉽게 그 문제를 해결할 수 있다.

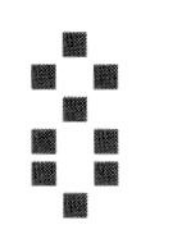

'분석하기' 를 연습하다

분석하기는 창의적인 문제해결의 3단계 과정이다. 이 단계에서는 서로 다른 측면과 방법으로 문제발생의 근본원인을 찾아내야 한다. 원인을 제대로 밝히지 못한다면 이상적인 해결방법이 나올 수 없지 않겠는가? 무턱대고 문제의 해결 방법을 찾고 실행에 옮기는 것은 어리석은 짓이다. 신중하고 예리한 문제 분석은 올바른 문제해결의 훌륭한 징검다리다.

연습1 : 어느 곳이 잘못 되었을까?

세탁기로 빤 남동생의 교복에 여전히 얼룩이 남아 있다. 그 원인을 찾아보자.

*참고

다음의 '물고기 뼈 그림'으로 잘못된 원인을 찾는다.

'물고기 뼈 그림'은 '문제'와 '원인'을 분석하는 데 편리하고 효율적인 방법으로서 일본의 이시가와 가오루 교수가 창안했다. '문제'와 '원인'의 관계를 한 눈에 볼 수 있다는 장점이 있으며, 그 모습이 물고기 뼈와 닮아서 '물고기 뼈 그림'이라고 부른다.

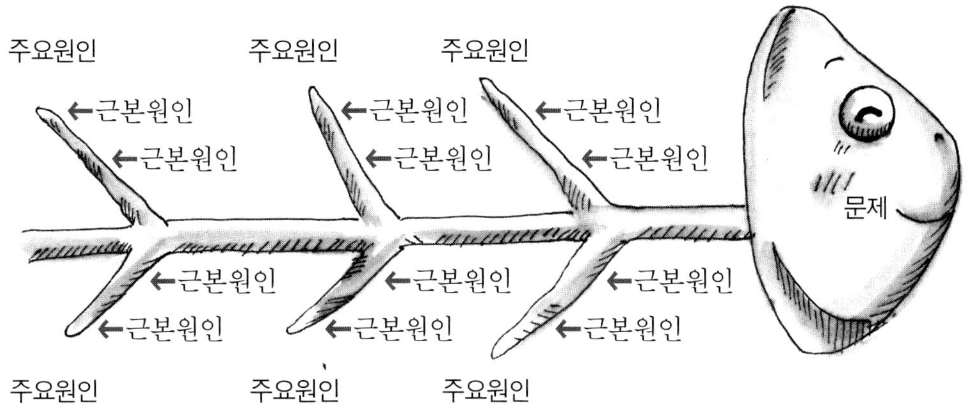

먼저 왼쪽 삼각형에서 해결해야 할 문제를 선택한 다음 물고기 뼈에서 주요원인과 근본원인을 찾아보자 (정답을 모두 고르세요).

문제
□ 가. 세탁기의 소음
□ 나. 지저분한 옷

사람
□ 가. 사용시 조용히 한다
□ 나. 사용법을 모른다
□ 다. 사용시 TV를 보면 안 된다
□ 라. 세심하지 못하다

세탁기
□ 가. 기계가 너무 비싸다
□ 나. 기계가 고장났다
□ 다. 설명서가 없다
□ 라. 관리가 소홀하다

옷
□ 가. 유명 디자이너의 옷이 아니다
□ 나. 옷감이 나쁘다
□ 다. 옷이 새것이다
□ 라. 옷을 분류하지 않았다

방법
□ 가. 한번에 하나씩 넣는다
□ 나. 너무 많은 옷을 넣었다
□ 다. 오후에 사용금지
□ 라. 조작법에 문제가 있다

세제
□ 가. 비싼 세제를 쓰지 않았다
□ 나. 세제의 질이 나쁘다
□ 다. 세제가 너무 하얗다
□ 라. 세제가 너무 적다

기타
□ 가. 날씨가 맑지 않다
□ 나. 물이 오염되었다
□ 다. 수도관이 너무 굵다
□ 라. 더러운 때는 특별한 처리가 필요하다

CHAPTER 8

연습2 : 한얼이가 따돌림을 당했다!

단비의 남동생인 한얼이가 학교에서 다른 친구들에게 따돌림을 당했다. 그는 무술을 배워야 다른 사람들을 방어할 수 있다고 생각하여 태권도를 배우기로 마음먹었다. 또 공부를 잘 하는 학생들이 따돌림을 당한다고 생각하고 있었다. 물론 한얼이는 학교 성적이 매우 우수했다.

여러분이 알고 있는 겉으로 드러난 사실들로 문제의 원인을 추측해보자.

원인 분석표

문제	한얼이가 학교에서 친구들에게 따돌림을 당했다
알고 있는 사실	1) 성적이 우수한 학생들이 따돌림을 당한다
	2) 선생님이 계시지 않을 때 이런 일이 일어난다
	3) 동네 친구들 사이에서는 이런 일이 일어나지 않는다
	4) 한얼이는 장난치다가 기분이 상하면 주먹을 휘두르곤 한다

위의 자료들을 바탕으로 문제의 근본원인을 추측해보자.

____

____

____

____

____

*참고
　문제의 원인을 찾아내지 못할 경우 결론을 내리지 않는 것이 좋다.

 제 8과 학습 포인트

> ✓ '물고기 뼈 그림'으로 '문제'와 '원인'을 효율적으로 분석할 수 있다.
> ✓ 원인분석표를 사용하여 원인을 찾아낸다.

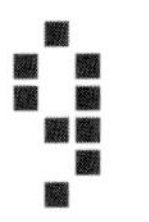

4단계 : 구상하기

1 어떻게 하면 아빠가 금연할 수 있을까?

아빠가 매일 집에서 담배를 피운다면 아빠뿐 아니라 온 가족의 건강에 나쁜 영향을 끼치게 된다. 아빠를 사랑하는 자식으로서 아빠의 금연을 이끌어낼 수 있는 방법은 무엇일까? 다음은 여러분이 생각할 수 있는 해결방법이다. 빈 칸에 적당한 점수를 적어보자.

＊참고
1~5점 : 매우 적절한 방법은 5점, 거의 쓸모없는 방법은 1점

아빠에게 담배 대신 사탕을 권유한다. ＿＿＿

아빠에게 흡연의 나쁜 점을 알려준다. ＿＿＿

아빠에게 흡연 횟수를 줄이도록 부탁한다. ＿＿＿

집안 공기가 깨끗한 느낌을 가지도록 한다. ＿＿＿

아빠가 바빠서 담배 피울 시간이 없도록 한다. ＿＿＿

정신과 의사에게 진찰을 받아보라고 권유한다. ＿＿＿

흡연의 나쁜 점이 나온 의학 잡지를 보여준다. ______

집안 곳곳에 '금연' 이라는 표어를 붙여둔다. ______

아빠의 담배를 몰래 숨겨둔다. ______

더 좋은 방법이 있으면 아래의 빈 칸에 적어보자.

____

____

____

____

____

2 나의 이름은

병기는 성이 양 씨인데, 성과 이름을 붙여 읽으면 '양병기' 가 '양변기' 로 발음되어 친구들에게 항상 놀림을 받았다. 병기는 자신의 이름 때문에 놀림을 받는 것이 너무 싫다. 어떻게 하면 병기의 고민을 덜어줄 수 있을까?

다음은 여러분이 생각할 수 있는 해결방법이다. 빈 칸에 적당한 점수를 적어보자.

*참고
  1~5점 : 매우 적절한 방법은 5점, 매우 적절치 못한 방법은 1점

이름을 바꾸라고 말한다. ______

이름의 끝 글자만 부른다. ______

아무 일도 아니란 듯이 그냥 부른다. ______

알아듣지 못한 것처럼 행동한다. ______

비웃는 사람들을 따라 같이 웃는다. ______

비웃는 사람들에게 따끔히 충고한다. ______

그의 성 씨만 부른다. ______

선생님에게 이른다. ______

더 좋은 방법이 있으면 아래의 빈 칸에 적어보자.

____

____

____

____

 **제 9과 학습 포인트**

4단계 : 구상하기

√ 다양하고 독특한 해결방법을 생각해본다.

10 | '구상하기'를 연습하다

구상하기는 창의적인 문제해결의 4단계 과정이다. 문제해결을 위해서 구상하기를 거쳐야 하는 이유는 다양한 시각에서 여러 가지 해결방법을 찾을 수 있기 때문이다. 정해진 틀에서만 문제해결을 위해 노력한다면 새롭고 합리적인 결과를 얻어낼 수 없다. 어떻게 하면 생각의 깊이와 폭을 넓힐 수 있을까?

연습1 : 친구가 물건을 훔치려고 할 때

한얼이는 친구와 함께 편의점으로 들어가고 있었다. 가는 도중에 친구가 한얼이에게 "이번에는 네가 편의점의 물건을 훔쳐올 차례다"라고 말했다. 한얼이는 고민에 빠졌다. 한얼이는 도둑이 되기 싫었지만 친구도 잃고 싶지 않았다. 만약 당신이 한얼이라면 이 문제를 어떻게 해결할 것인가?

다음은 여러분이 생각할 수 있는 해결방법이다. 빈 칸에 적당한 점수를 적어보자.

＊참고
　　1～5점 : 매우 적절한 방법은 5점, 매우 적절치 못한 방법은 1점

물건을 살 돈이 충분히 있다고 말한다.　＿＿＿＿

친구에게 도둑질을 해서는 안 된다고 한다.　＿＿＿＿

친구에게 열심히 돈을 벌라고 충고한다.　＿＿＿＿

도둑질을 왜 하는지 친구에게 물어본다.　＿＿＿＿

친구에게 도둑질의 결과에 대해 말해준다.　＿＿＿＿

배가 아픈 척하고 도망간다.　　　　　　_____

다음에 하겠다고 말하고 미룬다.　　　　_____

친구에게 좋은 책을 읽도록 권유한다.　　_____

더 좋은 방법이 있으면 아래의 빈 칸에 적어보자.

____

____

____

____

연습2 : 살려주세요!

당신이 탄 호화 여객선이 테러 공격으로 곧 침몰하게 되었다. 여객선 안에서 자신의 생명을 구할 수 있는 물건을 찾아보자 (단, 구명보트와 구명조끼는 모두 파괴되었다).

＊참고
　　물 위에 뜰 수 있는 큰 물건을 찾는다.

다음은 여러분이 생각할 수 있는 해결방법이다. 빈 칸에 적당한 점수를 적어보자.

＊참고
　　1〜5점 : 매우 적절한 방법은 5점, 매우 적절치 못한 방법은 1점

아이스 박스	_____	침대매트	_____
소파	_____	고무풍선	_____
나무 문짝	_____	옷장 문	_____
철판	_____	화장실 문	_____
알루미늄 문	_____	물침대	_____
농구공/축구공	_____	서핑보드	_____

더 좋은 방법이 있으면 아래의 빈 칸에 적어보자.

 제 10과 학습 포인트

√ 여러 가지 독특하고 창의적인 해결방법을 생각한다.

11 | 5단계 : 해결방법 선택하기

5단계 : 해결방법 선택하기

문제해결을 위한 4단계(구상하기)를 끝냈다면 여러분은 다양한 해결 방법을 가지고 있을 것이다. 그러나 여러 가지 방법은 각각의 장점과 단점이 있다. 그 중에서 어떻게 최선의 방법을 고를 수 있을까? 가장 훌륭한 해결방법을 고르기에 앞서 적당한 기준을 선택하여 객관적으로 평가해야 한다. 그 평가에 따라 최선의 방법을 찾아내면 된다.

연습1 : 나의 평가기준은 무엇인가?

01 학교를 선택할 때 어떤 기준을 따르는가? (정답을 모두 고르세요)

☐ 가. 교장선생님의 성별

☐ 나. 교통의 편리함

☐ 다. 수업 방식

☐ 라. 기숙사 시설

☐ 마. 특별 활동

☐ 바. 선생님의 외모

☐ 사. 선생님의 실력

☐ 아. 학교 시설

☐ 자. 수업 내용

☐ 차. 주변 사람들의 평가

02 집을 선택할 때 어떤 기준을 따르는가? (정답을 모두 고르세요)

　□ 가. 인테리어

　□ 나. 지역

　□ 다. 면적

　□ 라. 가격

　□ 마. 방향

　□ 바. 건축 년도

　□ 사. 교통

　□ 아. 주변 환경

　□ 자. 시설

　□ 차. 건축 자재

03 친구를 사귈 때 어떤 기준을 따르는가? (정답을 모두 고르세요)

　□ 가. 부자인지 가난한지

　□ 나. 인종

　□ 다. 진실한 마음

　□ 라. 얼굴

　□ 마. 교양

　□ 바. 취미

　□ 사. 학교 성적

　□ 아. 인기도

　□ 자. 성격

　□ 차. 몸매

04 핸드폰을 살 때 어떤 기준을 따르는가? (정답을 모두 고르세요)

☐ 가. 가격

☐ 나. 디자인

☐ 다. 다루기 편리한지

☐ 라. 기능

☐ 마. 수리하기 편리한지

☐ 바. 튼튼한지 약한지

☐ 사. 색깔

☐ 아. 부피

☐ 자. 배터리 용량

연습2 : 장점과 단점 찾기

모든 상황과 선택에는 장단점이 있다. 아래의 상황에 따라 장단점을 찾고 다른 사람의 관점으로 생각해보자(장점에는 ○, 단점에는 ×).

상황	장점일까, 단점일까?	
소풍날 비가 온다	☐ 농작물이 잘 자란다	☐ 집에 일찍 돌아와야 한다
	☐ 날씨가 서늘하다	☐ 우비를 준비해야 한다
	☐ 소풍 가는 기분이 안 난다	☐ 야외활동을 할 수 없다
독립심이 강하다	☐ 남에게 의지하지 않는다	☐ 고집이 세다
	☐ 책임감이 강하다	☐ 스스로 보살필 수 있다
	☐ 부모님이 걱정하지 않는다	☐ 협동정신이 부족하다
부자가 된다	☐ 생활비를 걱정하지 않는다	☐ 취미생활을 즐길 수 있다
	☐ 어려운 사람을 도울 수 있다	☐ 납치될 위험이 있다
	☐ 세계일주를 할 수 있다	☐ 질투심을 일으킬 수 있다
지갑을 잃어버렸다	☐ 돈을 보관하는 법을 배운다	☐ 주머니가 가벼워졌다
	☐ 새 지갑을 살 수 있다	☐ 신분증을 다시 만든다
	☐ 돈을 잃어버렸다	☐ 마음이 불안하다

몸이 아파 병원에 간다	☐ 생활습관을 되돌아본다	☐ 공부를 할 수 없다
	☐ 치료의 고통을 이겨야 한다	☐ 휴식을 많이 해야 한다
	☐ 건강관리를 열심히 한다	☐ 의사의 진찰을 받는다
시험성적이 좋지 않다	☐ 부모님에게 혼난다	☐ 앞으로 분발할 수 있다
	☐ 기분이 나쁘다	☐ 반성의 계기로 삼는다
	☐ 다른 친구들이 무시한다	☐ 잘난 척 하지 않는다
아끼는 강아지가 죽다	☐ 죽은 원인을 알아본다	☐ '친구'를 잃었다
	☐ 슬프다	☐ 강아지와 놀 수 없다
	☐ 강아지와 노는 시간이 준다	☐ 강아지에게 돈이 들지 않는다

 **제 11과 학습 포인트**

> 5단계 : 해결방법 선택하기
>
> ✓ 적절한 기준을 세워 여러 가지 해결방법의 평가에 활용한다.
>
> ✓ 어떠한 결정이든 모두 장점과 단점을 가지고 있다.

'해결방법 선택하기'를 연습하다

해결방법 선택하기는 창의적인 문제해결의 5단계 과정이다. 적절한 기준을 선정하여 평가에 활용하며, 그 중 최선의 해결방법을 선택한다. 만약 여기서 올바른 선택을 못한다면 지금까지의 노력은 모두 헛수고로 돌아간다. 아무리 많은 해결방법을 구상하였다 해도 그것이 문제해결의 끝을 의미하는 것은 아니다. 이제 '선택하기'를 연습해 보자.

연습1 : 야외활동에 적합한 장소 선택하기

돌아오는 일요일에 온 가족이 야외로 놀러가려고 한다. 아래의 표에 따라 어디가 가장 좋을지 장소를 정해보자.

＊참고

장소마다 점수를 매기는데, 그 항목에서 가장 좋은 곳(예를 들면 교통비가 가장 싼 곳, 음식이 가장 맛있는 곳)은 5점이고, 가장 나쁜 곳(예를 들면 교통비가 가장 비싼 곳, 음식이 가장 맛없는 곳)은 1점이다.

모든 항목의 점수를 합쳐 총점이 가장 높게 나온 곳으로 결정한다.

	경복궁	남이섬	용인민속촌	서울랜드	불국사
교통비					
교통시간					
음식 맛					
입장료					
놀이시설					
주변 경치					
운동량					
재미					
총점					

01 나의 선택은 어디인가?

☐ 가. 경복궁

☐ 나. 남이섬

☐ 다. 용인민속촌

☐ 라. 서울랜드

☐ 마. 불국사

02 야외활동에 적합한 장소를 고를 때 가장 큰 비중을 두는 항목은 무엇이며, 그 이유는 무엇인지 적어보자.

____

____

____

____

연습2 : 점심시간에 우리 반을 조용하게 만드는 법

점심식사 때 몇몇 친구들은 교실에서 늘 시끄럽게 떠들곤 한다. 단비는 반장으로서 이런 상황을 바꾸고자 한다. 아래의 여러 가지 방법마다 평가를 내린 다음 제일 좋은 방법을 선택하고 그 이유를 설명해보자.

***참고**
　　1~5점 : 최악의 방법은 1점, 최상의 방법은 5점

방법	평가
1. 벌을 준다	______
2. 위협한다	______
3. 떠드는 소리를 녹음했다가 들려준다	______
4. 자신이 더 큰 목소리로 떠든다	______
5. 자신이 먼저 조용한 모습을 보인다	______
6. 개별적으로 면담을 한다	______
7. 조용히 타이른다	______
8. 비디오카메라로 촬영해 보여준다	______
9. 점심에 영화를 보자고 제안한다	______
10. 선생님에게 이른다	______
11. 마스크를 착용한다	______
12. 귀마개를 착용한다	______
13. 함께 시낭송을 하자고 한다	______
14. 경찰에 신고한다	______
15. 떠든 사람 이름을 칠판에 적는다	______
16. 기타	______

내가 선택한 방법은? (그 이유를 설명해보자)

____

____

____

 **제 12과 학습 포인트**

✓ 표를 만들어 평가하면 적절한 해결방법을 찾는 데 큰 도움이 된다.

13 | 6단계 : 실행계획 짜기

6단계 : 실행계획 짜기

아무리 좋은 해결방법을 찾았을지라도 그것을 행동에 옮기지 않으면 문제해결을 끝냈다고 할 수 없다. 때문에 여러분은 해야 할 일, 그와 관련된 시간표, 필요한 자원과 누가 무엇을 할지에 대해 계획해야 한다. 문제가 중요할수록 해결방법도 복잡하며, 세밀하고도 많은 계획이 필요하다. 마치 의사가 외과수술을 하기 위해 반드시 수술인원, 시간, 치료약과 필요한 장비 등을 준비하는 것과 같다.

연습1 : 고려해야 할 사항

학교에서 성대한 크리스마스 음악회를 개최할 예정이다. 그런데 여러분이 이번 음악회의 주최자로 추천되었다. 이때 고려해야 할 사항을 육하원칙에 따라서 무엇인지 생각해보자.

01 누구를 초청할 것인가?

□ 가. 누가

□ 나. 어디서

□ 다. 언제

□ 라. 무엇을

□ 마. 왜

□ 바. 어떻게

02 누가 선물을 책임질 것인가?

    ☐ 가. 누가

    ☐ 나. 어디서

    ☐ 다. 언제

    ☐ 라. 무엇을

    ☐ 마. 왜

    ☐ 바. 어떻게

03 몇 시에 개최할 것인가?

    ☐ 가. 누가

    ☐ 나. 어디서

    ☐ 다. 언제

    ☐ 라. 무엇을

    ☐ 마. 왜

    ☐ 바. 어떻게

04 무엇 때문에 음악회를 개최하는가?

    ☐ 가. 누가

    ☐ 나. 어디서

    ☐ 다. 언제

    ☐ 라. 무엇을

    ☐ 마. 왜

    ☐ 바. 어떻게

05 어느 곳에서 개최하는가?

☐ 가. 누가

☐ 나. 어디서

☐ 다. 언제

☐ 라. 무엇을

☐ 마. 왜

☐ 바. 어떻게

06 어떤 프로그램이 있는가? (예를 들면 노래하기, 제비뽑기, 게임 등)

☐ 가. 누가

☐ 나. 어디서

☐ 다. 언제

☐ 라. 무엇을

☐ 마. 왜

☐ 바. 어떻게

07 필요한 돈은 어떻게 모을 것인가?

☐ 가. 누가

☐ 나. 어디서

☐ 다. 언제

☐ 라. 무엇을

☐ 마. 왜

☐ 바. 어떻게

08 어떻게 홍보할 것인가?

☐ 가. 누가

☐ 나. 어디서

□ 다. 언제

□ 라. 무엇을

□ 마. 왜

□ 바. 어떻게

09 어떤 도구들이 필요한가? (예를 들면 풍선, 색종이, 의자 등)

□ 가. 누가

□ 나. 어디서

□ 다. 언제

□ 라. 무엇을

□ 마. 왜

□ 바. 어떻게

10 개최 장소는 어떤 특징이 있는가? (예를 들면 넓이, 조명 등)

□ 가. 누가

□ 나. 어디서

□ 다. 언제

□ 라. 무엇을

□ 마. 왜

□ 바. 어떻게

11 무엇 때문에 이런 행사가 필요한가?

□ 가. 누가

□ 나. 어디서

□ 다. 언제

□ 라. 무엇을

□ 마. 왜

□ 바. 어떻게

12 언제 연습을 하는가?

☐ 가. 누가

☐ 나. 어디서

☐ 다. 언제

☐ 라. 무엇을

☐ 마. 왜

☐ 바. 어떻게

13 누가 책임지고 비디오 촬영을 하는가?

☐ 가. 누가

☐ 나. 어디서

☐ 다. 언제

☐ 라. 무엇을

☐ 마. 왜

☐ 바. 어떻게

14 언제부터 준비하는가?

☐ 가. 누가

☐ 나. 어디서

☐ 다. 언제

☐ 라. 무엇을

☐ 마. 왜

☐ 바. 어떻게

15 어떤 도구들을 준비해야 하는가?

☐ 가. 누가

☐ 나. 어디서

☐ 다. 언제

□ 라. 무엇을

□ 마. 왜

□ 바. 어떻게

16 어떤 순서로 일이 진행되어야 하는가?

□ 가. 누가

□ 나. 어디서

□ 다. 언제

□ 라. 무엇을

□ 마. 왜

□ 바. 어떻게

17 초대 손님은 누구인가?

□ 가. 누가

□ 나. 어디서

□ 다. 언제

□ 라. 무엇을

□ 마. 왜

□ 바. 어떻게

18 사회자는 누구로 할 것인가?

□ 가. 누가

□ 나. 어디서

□ 다. 언제

□ 라. 무엇을

□ 마. 왜

□ 바. 어떻게

연습2 : 행동절차

연습1에서 고려해야 할 사항에 따라 아래의 '칸트 차트'에 해야 할 일과 순서, 각각의
일을 하는 데 걸리는 시간을 표시해보자. 14가지의 일을 먼저 차트에 표시한다.

＊참고

　　칸트 차트 : 이것은 칸트라는 철학자가 일정관리를 편리하게 하기 위해 그래프로 만든 시간표이다.

　　해야 할 일의 시작시점과 완료시점을 표시하고, 소요시간을 막대로 나타낸다.

1일	2일	3일	4일	5일	6일	7일	8일	9일	10일	11일	12일
❶											
❷											
	❸										
		❹									
		❺									
		❻									
			❼								
			❽								
			❾								
				❿							
					⓫						
							⓬				
										⓭	
											⓮

＊주의사항

1. 행동계획이 모두 예정대로 진행되지 않을 수 있다. 때문에 반드시 해야 할 일을 파악하고 감독
해야 한다. 또 진행 요원들을 잘 관리하여 계획에서 잘못된 부분을 바로 잡아야 한다.

2. 계획을 실행할 때 여러분은 반드시 결과를 분석하고 검토해야 한다. 매 단계마다 경험을 통해
교훈을 얻고 앞으로 비슷한 문제가 발생할 때 참고할 수 있도록 해야 한다.

01 ❶에 적합한 일은 무엇인가?

　　□ 가. 행사의 결과를 검토한다.

　　□ 나. 성탄음악회 내용과 역할분담을 상의한다.

02 ❷에 적합한 일은 무엇인가?

　　□ 가. 일의 진행상황을 관리한다.

　　□ 나. 음식을 준비한다.

03 ❸에 적합한 일은 무엇인가?

　　□ 가. 음식을 준비한다.

　　□ 나. 행사 장소를 예약한다.

04 ❹에 적합한 일은 무엇인가?

　　□ 가. 연주자를 물색한다.

　　□ 나. 정식 공연을 한다.

05 ❺에 적합한 일은 무엇인가?

　　□ 가. 홍보포스터를 구상한다.

　　□ 나. 음향시설과 무대를 점검한다.

06 ❻에 적합한 일은 무엇인가?

　　□ 가. 장소를 꾸민다.

　　□ 나. 행사 내용을 어떻게 할지 토론한다.

07 ❼에 적합한 일은 무엇인가?

    □ 가. 행사의 결과를 검토한다.

    □ 나. 프로그램을 짜고 사회자의 대본을 준비한다.

08 ❽에 적합한 일은 무엇인가?

    □ 가. 식사를 예약한다

    □ 나. 정식 공연을 한다

09 ❾에 적합한 일은 무엇인가?

    □ 가. 음악을 준비한다.

    □ 나. 연주자를 대기시킨다.

10 ❿에 적합한 일은 무엇인가?

    □ 가. 행사의 결과를 검토한다.

    □ 나. 필요한 용품과 선물을 준비한다.

11 ⓫에 적합한 일은 무엇인가?

    □ 가. 음향시설과 무대를 설치한다.

    □ 나. 행사 장소를 예약한다.

12 ⓬에 적합한 일은 무엇인가?

    □ 가. 무대 위에서 연습한다.

    □ 나. 행사 프로그램으로 무엇을 할지 고민한다.

13 ⓭에 적합한 일은 무엇인가?

    ☐ 가. 정식 공연을 한다

    ☐ 나. 식사를 예약한다

14 ⓮에 적합한 일은 무엇인가?

    ☐ 가. 무대를 예쁘게 꾸민다.

    ☐ 나. 행사의 결과를 검토한다.

 제13과 학습 포인트

6단계 : 실행계획 짜기

✓ 해야 할 일을 계획하고 시간표를 만들어 거기에 필요한 행동과 자원, 누가 무엇을 하는지 나열한다.

✓ 육하원칙에 따라서 실행계획 짜기에 필요한 사항을 나열한다.

✓ 칸트 차트에 해야 할 일과 순서, 걸리는 시간을 표시한다.

 14 | '실행계획 짜기' 를 연습하다

실행계획 짜기는 창의적인 문제해결의 6단계 과정이다. 여기서는 해야 할 일, 그와 관련된 진행사항, 필요한 자원 및 각자의 책임을 적어놓는다. 일의 구체적인 순서와 계획표를 만들지 않는다면 일이 제대로 진행되고 있는지 판단하기 어렵다. 따라서 실행계획을 꼼꼼하고 자세하게 짜야만 우리가 원하는 결과를 얻을 수 있다.

계획진도표 짜기

단비가 학교에서 크리스마스 공연을 준비한다고 가정하자. 다음은 크리스마스 공연의 진도표인데 순서를 자세히 점검하고 다음의 물음에 답해보자.

*참고
　√표시는 일이 끝났음을 의미함

크리스마스 공연 계획진도표

진도	항목	내용	담당자	시작일	종료일	비고
√	1	공연내용 계획/역할분담	모두	12/03	12/03	
	2	진도 감독 및 관리	단비	12/04	12/25	전체감독
√	3	장소 예약	영일	12/04	12/05	장소가 확정된 후
√	4	연주자 초청	세희	12/06	12/07	
√	5	홍보포스터 만들기	승규	12/07	12/09	
√	6	친구 초대	희상	12/08	12/10	
√	7	프로그램 만들기	성길	12/10	12/19	
√	8	음식 장만	신애	12/11	12/14	
√	9	음악 준비	선혜	12/14	12/20	연주자가 결정된 후

✓	10	필요한 용품/선물 준비	귀령	12/20	12/22	프로그램이 결정된 후
	11	음료수 준비	진규	12/21	12/22	
	12	무대/음향 점검	경화	12/22	12/23	
	13	총 연습	진희	12/22	12/23	
	14	실제 공연	영일	12/25	12/25	
	15	공연 후 평가	모두	12/26	12/26	

01 크리스마스 공연을 준비하는 날부터 끝나는 날까지 걸리는 시간은?

☐ 가. 23일

☐ 나. 24일

☐ 다. 25일

☐ 라. 26일

02 다음 중 가장 긴 시간이 걸린 일은 무엇인가?

☐ 가. 홍보포스터 만들기

☐ 나. 총 연습

☐ 다. 친구 초대

☐ 라. 진도 감독 및 관리

03 다음 중 가장 짧은 시간이 걸린 일은 무엇인가?

☐ 가. 음식 장만

☐ 나. 총 연습

☐ 다. 실제 공연

☐ 라. 음악 준비

04 크리스마스 공연을 준비하는 데 모두 몇 명이 필요한가?

　□ 가. 11명

　□ 나. 12명

　□ 다. 13명

　□ 라. 14명

05 계획진도표에 따르면 다음 중 어떤 것을 동시에 진행할 수 있는가?

　□ 가. 실제 공연과 총 연습

　□ 나. 음료수 준비와 무대 점검

　□ 다. 음악 준비와 장소 예약

　□ 라. 연주자 초청과 장소 예약

06 다음 중 모든 사람들이 함께 참여해야 하는 일은 무엇인가?

　□ 가. 공연 후 평가

　□ 나. 진도 감시

　□ 다. 실제 공연

　□ 라. 총 연습

07 계획진도표에 따라 다음 중 가장 먼저 해야 하는 일은 무엇인가?

　□ 가. 홍보포스터 만들기

　□ 나. 음료수 준비

　□ 다. 친구 초대

　□ 라. 장소 예약

08 다음 중 실수하면 공연 참가 인원에 영향을 미치는 일은 무엇인가?

　□ 가. 음악 준비

　□ 나. 음식 장만

　　□ 다. 친구 초대

　　□ 라. 음료수 준비

09 누가 두 가지 일을 맡고 있는가?

　　□ 가. 세희

　　□ 나. 승규

　　□ 다. 영일

　　□ 라. 귀령

10 누가 공연의 준비 과정을 감독해야 하는가?

　　□ 가. 선혜

　　□ 나. 진희

　　□ 다. 단비

　　□ 라. 성길

11 다음 중 공연을 통해 얻은 교훈을 이야기하는 순서는 무엇인가?

　　□ 가. 공연내용 계획

　　□ 나. 홍보포스터 만들기

　　□ 다. 용품 준비

　　□ 라. 공연 후 평가

12 다음 중 아직 끝내지 못한 일은 무엇인가?

　　□ 가. 음료수 준비

　　□ 나. 홍보포스터 만들기

　　□ 다. 음식 장만

　　□ 라. 음악 준비

13 '음악 준비' 는 어느 일에 따라 결정되는가?

　□ 가. 홍보포스터 만들기

　□ 나. 초청된 연주자

　□ 다. 진도 감독

　□ 라. 친구 초대

14 계획진도표에 따라 몇 가지 일을 끝내지 못했는가?

　□ 가. 4

　□ 나. 5

　□ 다. 6

　□ 라. 7

15 '공연내용 계획/역할분담'을 할 때 어떤 원칙으로 일을 배치해야 하는가?

　□ 가. 키

　□ 나. 몸매

　□ 다. 목소리

　□ 라. 재능

16 가장 훌륭한 사람은 자신의 일에 대한 끊임없는 개선을 시도하여 일이 원활하게 이루어지도록 잘 마무리하는 사람이다. 그러므로 다시 한번 계획진도표를 확인하고 어떤 부분에 신경을 써야 할지 점검해보자 (정답을 모두 고르세요).

　□ 가. 어떤 일인지 분명하게 정한다.

　□ 나. 맡은 일에 확실한 책임을 지도록 한다.

　□ 다. 일의 정확한 순서를 정한다.

　□ 라. 만일의 경우를 위해 응급조치를 준비한다.

　□ 마. 진도를 평가할 수 있는 기준을 만든다.

　□ 바. 상황에 따라 합리적인 마감시간을 정한다.

□ 사. 가능한 한 많은 재료를 쓴다.

□ 아. 상황에 따라 내용을 수정하고 마감시간을 연장한다.

□ 자. 가능한 한 많은 사람을 쓴다.

□ 차. 하나의 일을 여러 사람이 담당하도록 한다.

 제 14과 학습 포인트

✓ 계획진도표는 일의 진도와 담당자, 각각의 소요시간을 나타낸다.

15 | 단계복습

연습1 : 아래의 내용과 관련된 문제해결 단계를 찾아보자.

01 가능한 한 서로 다른 방식으로 독특한 해결방법을 생각한다.

　□ 가. 문제 발견하기

　□ 나. 자료찾기

　□ 다. 분석하기

　□ 라. 구상하기

　□ 마. 해결방법 선택하기

　□ 바. 실행계획 짜기

02 진행에 필요한 물품과 행동, 각자의 맡은 바 일을 정한다.

　□ 가. 문제 발견하기

　□ 나. 자료찾기

　□ 다. 분석하기

　□ 라. 구상하기

　□ 마. 해결방법 선택하기

　□ 바. 실행계획 짜기

03 어려움에 부딪칠 문제를 발견한다.

　□ 가. 문제 발견하기

　□ 나. 자료찾기

　□ 다. 분석하기

□ 라. 구상하기

□ 마. 해결방법 선택하기

□ 바. 실행계획 짜기

04 여러 가지 방법을 평가하고 가장 적절한 해결방법을 선택한다.

□ 가. 문제 발견하기

□ 나. 자료찾기

□ 다. 분석하기

□ 라. 구상하기

□ 마. 해결방법 선택하기

□ 바. 실행계획 짜기

05 여러 가지 자세한 자료들을 수집하여 조목조목 따져본다.

□ 가. 문제 발견하기

□ 나. 자료찾기

□ 다. 분석하기

□ 라. 구상하기

□ 마. 해결방법 선택하기

□ 바. 실행계획 짜기

06 서로 다른 시각과 방법으로 문제의 근본원인을 찾아본다.

□ 가. 문제 발견하기

□ 나. 자료찾기

□ 다. 분석하기

□ 라. 구상하기

□ 마. 해결방법 선택하기

□ 바. 실행계획 짜기

연습2 : 문제해결을 위한 6단계를 연습해보자.

다음은 의사가 병을 치료하는 순서다. 어느 단계에 해당하는가?

01 환자의 증상을 살펴보고 병의 원인을 진단한다.

☐ 가. 문제 발견하기

☐ 나. 자료찾기

☐ 다. 분석하기

☐ 라. 구상하기

☐ 마. 해결방법 선택하기

☐ 바. 실행계획 짜기

02 수술에 필요한 인원, 장비, 치료약, 시간 등을 고려하여 준비한다.

☐ 가. 문제 발견하기

☐ 나. 자료찾기

☐ 다. 분석하기

☐ 라. 구상하기

☐ 마. 해결방법 선택하기

☐ 바. 실행계획 짜기

03 환자가 자신의 증상을 발견한다.

☐ 가. 문제 발견하기

☐ 나. 자료찾기

☐ 다. 분석하기

☐ 라. 구상하기

☐ 마. 해결방법 선택하기

☐ 바. 실행계획 짜기

CHAPTER 15

04 환자의 발병원인을 판단한 다음 여러 가지 치료방법을 찾는다.

☐ 가. 문제 발견하기

☐ 나. 자료찾기

☐ 다. 분석하기

☐ 라. 구상하기

☐ 마. 해결방법 선택하기

☐ 바. 실행계획 짜기

05 질병의 증세, 환자의 생활습관, 식습관 등 상황을 분석한다.

☐ 가. 문제 발견하기

☐ 나. 자료찾기

☐ 다. 분석하기

☐ 라. 구상하기

☐ 마. 해결방법 선택하기

☐ 바. 실행계획 짜기

06 여러 가지 치료방법 중에서 가장 적절한 방법을 선택한다.

☐ 가. 문제 발견하기

☐ 나. 자료찾기

☐ 다. 분석하기

☐ 라. 구상하기

☐ 마. 해결방법 선택하기

☐ 바. 실행계획 짜기

연습3 : 아빠와 엄마는 왜 싸울까?

단비는 초등학교 6학년이다. 그녀는 평소 열심히 공부하고 늘 책을 즐겨 읽는다. 그러나 그녀의 아빠와 엄마는 항상 작은 일로도 크게 다투곤 한다. 그래서 단비는 자꾸 신경이 쓰이고 집중이 잘 되질 않는다. 단비는 어떻게 해야 할까? 각각의 단계에 따라 한번 생각해보자.

문제발견	01	□ 가. 복습할 만한 장소가 없다	□ 나. 도서관에서 복습한다
	02	□ 가. 부모님의 사이가 좋지 않다	□ 나. 전문가에게 도움을 청한다
자료찾기	03	□ 가. 부모님은 왜 다투었는가?	□ 나. 화를 내서는 안 된다
	04	□ 가. 부모님의 성격을 관찰한다	□ 나. 집안이 조용하도록 한다
분석하기	05	□ 가. 아빠의 일 부담이 커졌다	□ 나. 조용한 음악을 틀어준다
	06	□ 가. 의견 차이가 뭔지 알아본다	□ 나. 언제 다투었는가?
구상하기	07	□ 가. 전문가에게 도움을 청한다	□ 나. 부모님의 대화를 도와준다
	08	□ 가. 조용한 음악을 틀어준다	□ 나. 언제 싸우는지 알아본다
해결방법 선택하기	09	□ 가. 집안이 조용해지려면?	□ 나. 마음이 초조하고 불안하다
	10	□ 가. 부모님을 서로 이해시킨다	□ 나. 의견 차이를 해결해준다
실행계획 짜기	11	□ 가. 낮은 목소리로 말한다	□ 나. 아빠가 도박을 즐겨한다
	12	□ 가. 화가 나면 글로 의사소통한다	□ 나. 집안의 경제형편이 어렵다

16 | 종합연습

종합연습1 : 장난꾸러기 동생

단비의 동생은 초등학교 3학년인데 집에서 항상 말썽을 일으키고 있다. 꽃병이나 화분을 깨뜨리고 물건을 여기저기 늘어놓아 다른 식구들의 골치를 썩인다. 단비는 어떻게 해야 할까? 각각의 단계에 따라 한번 생각해보자.

문제발견	01	□ 가. 언제나 부모님이 감시해야 한다	□ 나. 동생은 장난꾸러기다
	02	□ 가. 동생 때문에 집안이 지저분하다	□ 나. 동생을 너그럽게 대한다
자료찾기	03	□ 가. 동생의 생활습관을 관찰한다	□ 나. 동생에게 규칙을 정해준다
	04	□ 가. 동생의 성격을 파악한다	□ 나. 전문가에게 상담한다
분석하기	05	□ 가. 모든 일을 부모님과 함께 한다	□ 나. 나쁜 친구들 때문이다
	06	□ 가. 동생의 자존심을 상하지 않게 한다	□ 나. 부모님의 지나친 사랑 때문이다
구상하기	07	□ 가. 동생에게 규칙을 정해준다	□ 나. 동생은 장난이 심하다
	08	□ 가. 부모님이 집에 함께 있어야 한다	□ 나. 집안이 지저분하다
해결방법 선택하기	09	□ 가. 동생에게 친구가 없다	□ 나. 자존심이 상하지 않게 타이른다
	10	□ 가. 식구들의 걱정이 커져간다	□ 나. 안전한 방법이어야 한다
실행계획 짜기	11	□ 가. 동생의 심리를 분석해본다	□ 나. 관심을 끌려고 장난친다
	12	□ 가. 사랑으로 동생을 대한다	□ 나. 동생은 습관이 잘못되었다

종합연습 2 : 새 자전거

한얼이의 자전거는 3년 정도 타서 이미 낡았다. 부모님에게 새 자전거를 사달라고 했지만 부모님은 지금도 탈 수 있다고 하면서 새 자전거를 사주지 않았다. 한얼이는 모아놓은 돈도 많지 않고 용돈도 적다. 한얼이는 어떻게 해야 할까? 각각의 단계에 따라 한번 생각해보자.

문제발견	01	☐ 가. 새 자전거를 살 돈이 없다	☐ 나. 돈을 빌릴 수 없다
	02	☐ 가. 새 자전거를 살 수 없다	☐ 나. 쓰던 자전거를 판다
자료찾기	03	☐ 가. 낡은 자전거를 타면 창피하다	☐ 나. 남은 용돈을 확인한다
	04	☐ 가. 필요 없는 장난감을 판다	☐ 나. 좀더 싼 모델을 찾는다
분석하기	05	☐ 가. 욕심이 많다	☐ 나. 일을 해 돈을 번다
	06	☐ 가. 낡은 자전거를 타다 다칠 수 있다	☐ 나. 용돈을 아껴 저축한다
구상하기	07	☐ 가. 새 자전거의 가격을 알아본다	☐ 나. 새 자전거로 바꾼다
	08	☐ 가. 친구들이 놀릴까봐 겁난다	☐ 나. 친구와 돈을 합쳐 산다
해결방법 선택하기	09	☐ 가. 돈을 빌릴 수 없다	☐ 나. 욕심이 많다
	10	☐ 가. 새 자전거의 가격을 알아본다	☐ 나. 집안 형편을 고려한다
실행계획 짜기	11	☐ 가. 일을 해 돈을 번다	☐ 나. 낡은 자전거가 창피하다
	12	☐ 가. 욕심이 많다	☐ 나. 필요 없는 장난감을 판다

 제 16과 학습 포인트

창의적인 문제해결을 위한 6단계

1. 문제 발견하기 4. 구상하기

2. 자료찾기 5. 해결방법 선택하기

3. 분석하기 6. 실행계획 짜기

사람들마다 생각이 다를 수 있다. 어떤 답이 절대적으로 옳다고 말할 수 없기 때문에 여기에서 제시하는 답안은 참고 답안일 뿐이지 정답은 아니다.

제1과

1

01 ㉯　02 ㉣　03 ㉮　04 ㉯　05 ㉮　06 ㉯　07 ㉣　08 ㉮, ㉯, ㉯, ㉣, ㉱, ㉲

2 ㉮, ㉯, ㉯, ㉣, ㉱, ㉲, ㉳

4 ㉣

제2과

1단계	문제는 무엇인가?	부모님이 단비의 야영캠프 참가를 반대한다
2단계	문제의 원인 밝히기	1)부모님은 야영캠프가 공부에 나쁜 영향을 준다고 생각한다
3단계	해결방법 고민하기	①부모님에게 야영캠프의 목적을 알린다
		②인솔교사가 부모님을 설득한다
		③부모님도 야영캠프에 참가하게 한다
		④학교 성적에 더욱 신경 쓰겠다고 약속한다
		⑤공부 잘하는 학생들도 참가한다는 것을 부모님께 알려준다
4단계	해결방법 평가하기	①의 장점 : 부모님이 비교적 쉽게 받아들인다
		①의 단점 : 시간을 내 자료를 수집해야 한다
		②의 장점 : 설득력이 있다
		②의 단점 : 인솔교사가 도와줄 수 있을까?
		③의 장점 : 부모님이 직접 참여할 수 있다
		③의 단점 : 부모님이 직접 참여하려 할까?
		④의 장점 : 자신의 선택과 결심을 보여준다
		④의 단점 : 더 많은 노력을 기울여야 한다
		⑤의 장점 : 설득력이 있다

⑤의 단점 : 쉽게 찾지 못할 수 있다

| 5단계 | 해결해결방법 선택하기 | ⑤학교 성적에 더욱 신경 쓰겠다고 약속한다 ➡️부모님이 만족하고 자신도 노력하는 모습을 보인다 |

제4과

연습 2

01 ㉮, ㉣   02 ㉮, ㉯   03 ㉮, ㉯   04 ㉮, ㉯   05 ㉮, ㉯   06 ㉮, ㉯

07 ㉮, ㉯   08 ㉮, ㉯   09 ㉮, ㉯   10 ㉮, ㉯   11 ㉮, ㉯

제5과

연습 1

01 ㉮   02 ㉮   03 ㉯   04 ㉲   05 ㉰   06 ㉱   07 ㉲

08 ㉮   09 ㉰   10 ㉯   11 ㉲   12 ㉮   13 ㉱   14 ㉲

연습 2

01 적절함   02 적절치 않음   03 적절함   04 적절함   05 적절치 않음   06 적절함

07 적절함   08 적절치 않음   09 적절함   10 적절치 않음   11 적절함   12 적절함

13 적절치 않음   14 적절함   15 적절함   16 적절치 않음   17 적절함

18 적절치 않음   19 적절함

제6과

연습 1

01 ㉮   02 ㉯   03 ㉰   04 ㉯   05 ㉯   06 ㉯   07 ㉯   08 ㉣

09 ㉮   10 ㉮   11 ㉣

연습 2

✓ 영화 보기   ✓ 수영

___ 스키 타기   ✓ 달리기

____ 독서	✓ 악기 다루기
✓ 컴퓨터 게임	✓ 음악회 가기
____ 윈드서핑	✓ 종교활동
✓ 만화책 보기	✓ 조각
✓ 산책하기	____ 가곡 감상
____ 승마	____ 검도
✓ 극기훈련 참가	____ 배타기
____ 보트 타기	✓ 인터넷 이용하기
✓ TV 보기	✓ 여행
✓ 그림 그리기	✓ 노래하기

제7과

01 ④ **02** ④ **03** ④ **04** ④

05 토끼와 오리, 술잔과 두 사람의 옆모습, 소녀와 할머니

제8과

연습 1

문제	나	
사람	나	라
세탁기	나	라
옷	나	라
방법	나	라
세제	나	라
기타	나	라

연습 2

한얼이의 행동이 거만하다, 친구들의 질투심이 너무 강하다, 학교의 감독이 소홀하다, 한얼이의 인내성이 부족하다, 한얼이의 인간관계가 원만하지 못하다, 따돌림에 대한 언론의 보도

제10과

연습1

친구에게 돈을 저축하여 물건을 사라고 충고한다. 자신이 솔선수범한다. 친구가 왜 물건을 훔치고 싶어하는지 이해한다. 가지고 싶은 것과 필요한 것을 구분하도록 가르친다. 친구에게 정직해지라고 말한다. 열심히 일하는 사람들을 만나도록 한다.

제11과

연습1

01 ⓝ, ⓓ, ⓡ, ⓜ, ⓢ, ⓞ, ⓩ, ⓒ

02 ⓖ, ⓝ, ⓓ, ⓡ, ⓜ, ⓑ, ⓢ, ⓞ, ⓩ, ⓒ

03 ⓓ, ⓜ, ⓑ, ⓩ

04 ⓖ, ⓝ, ⓓ, ⓡ, ⓜ, ⓑ, ⓢ, ⓞ, ⓩ

연습2

상황	장점일까, 단점일까?	
소풍날 비가 온다	◎ 농작물이 잘 자란다	☒ 집에 일찍 돌아와야 한다
	◎ 날씨가 서늘하다	☒ 우비를 준비해야 한다
	☒ 소풍 가는 기분이 안 난다	☒ 야외활동을 할 수 없다
독립심이 강하다	◎ 남에게 의지하지 않는다	☒ 고집이 세다
	◎ 책임감이 강하다	◎ 스스로 보살필 수 있다
	◎ 부모님이 걱정하지 않는다	☒ 협동정신이 부족하다
부자가 된다	◎ 생활비를 걱정하지 않는다	◎ 취미생활을 즐길 수 있다
	◎ 어려운 사람을 도울 수 있다	☒ 납치될 위험이 있다
	◎ 세계일주를 할 수 있다	☒ 질투심을 일으킬 수 있다
지갑을 잃어버렸다	◎ 돈을 보관하는 법을 배운다	◎ 주머니가 가벼워졌다
	◎ 새 지갑을 살 수 있다	☒ 신분증을 다시 만든다
	☒ 돈을 잃어버렸다	☒ 마음이 불안하다
몸이 아파 병원에 간다	◎ 생활습관을 되돌아본다	☒ 공부를 할 수 없다
	☒ 치료의 고통을 이겨야 한다	◎ 휴식을 많이 해야 한다

시험성적이 좋지 않다	☑ 건강관리를 열심히 한다	☑ 의사의 진찰을 받는다
	☒ 부모님에게 혼난다	☑ 앞으로 분발할 수 있다
	☒ 기분이 나쁘다	☑ 반성의 계기로 삼는다
	☒ 다른 친구들이 무시한다	☑ 잘난 척 하지 않는다
아끼는 강아지가 죽다	☑ 죽은 원인을 알아본다	☒ '친구'를 잃었다
	☒ 슬프다	☒ 강아지와 놀 수 없다
	☑ 강아지와 노는 시간이 준다	☑ 강아지에게 돈이 들지 않는다

제13과

연습 1

01 ㉮　02 ㉮　03 ㉰　04 ㉱　05 ㉯　06 ㉭　07 ㉲　08 ㉲　09 ㉭　10 ㉯

11 ㉱　12 ㉰　13 ㉮　14 ㉰　15 ㉭　16 ㉲　17 ㉮　18 ㉮

연습 2

01 ㉯　02 ㉮　03 ㉯　04 ㉮　05 ㉮　06 ㉯　07 ㉯　08 ㉮　09 ㉮　10 ㉯

11 ㉮　12 ㉮　13 ㉮　14 ㉯

제14과

01 ㉯　02 ㉭　03 ㉰　04 ㉯　05 ㉯　06 ㉮　07 ㉭　08 ㉰　09 ㉰　10 ㉰

11 ㉭　12 ㉮　13 ㉯

14 ㉰ (두 번째 항목에 주의하세요. '진도 감독 및 관리'는 완성되지 않음)

15 ㉭　16 ㉮, ㉯, ㉰, ㉭, ㉱, ㉲, ㉴

제15과

연습 1

01 ㉭　02 ㉲　03 ㉮　04 ㉱　05 ㉯　06 ㉰

연습 2

01 ㉰　02 ㉲　03 ㉮　04 ㉭　05 ㉯　06 ㉱

연습3

01 ㉮   02 ㉮   03 ㉮   04 ㉮   05 ㉮   06 ㉮   07 ㉮

08 ㉮   09 ㉮   10 ㉮   11 ㉮   12 ㉮

제16과

종합연습 1

01 ㉯   02 ㉮   03 ㉮   04 ㉮   05 ㉯   06 ㉯   07 ㉮   08 ㉮

09 ㉯   10 ㉯   11 ㉮   12 ㉮

종합연습 2

01 ㉮   02 ㉮   03 ㉯   04 ㉯   05 ㉮   06 ㉮   07 ㉯   08 ㉯   09 ㉮   10 ㉯

11 ㉮   12 ㉯

지은이

리앙즈웬(梁志援)

저자는 홍콩 이공대학과 마카오 동아대학(마카오대학)에서 경영관리 학사학위, 마케팅 학사학위와 석사학위를 받았으며, 아동 사고(思考) 훈련 및 컴퓨터 교육 분야에서 많은 현장 경험을 가지고 있다. 현재 홍콩 컴퓨터학회, 영국 특허마케팅학회, 홍콩 컴퓨터교육학회와 홍콩 인터넷교육학회 회원으로 활동하고 있다. 또한 컴퓨터 과학기술, 심리학, 신경언어학(NLP)을 통해 아동과 청소년 양성에 주력해왔다. 그는 또한 사고방법, 교수법, 잠재의식 운영, 심리학 등의 관련 학문을 공부했다.

홈페이지 www.youngthinker.net

옮긴이

이종순

1958년 중국에서 태어나 북경 중앙민족대학에서 조선어문학을 전공했다. 한국으로 건너와 고려대학교 대학원에서 문학석사, 서울대학교 대학원에서 교육학 박사학위를 받았다. 중국에서는 목단강시위당교(牡丹江市委黨校) 조교수로 근무했고, 한국에서는 한국어와 한국문학교육을 공부하면서 서울대학교, 이화여자대학교, 경기대학교 등에서 중국어를 강의했다. 2003년 이후 한국관광대학 관광중국어과 교수로 재직 중이다. 저서로는 《별나라 사람 무얼 먹고 사나》(고구려 출판사, 1997), 《알짜＆짤막 중국어회화》(다락원, 2004), 《중국 조선족 문학과 문학교육 연구》(신성출판사, 2005) 등이 있으며, 번역서로는 《지혜동화》(예림당, 1995) 등이 있다.

한언의 사명선언문

Our Mission

一. 우리는 새로운 지식을 창출, 전파하여 전 인류가 이를 공유케 함으로써
   인류문화의 발전과 행복에 이바지한다.

一. 우리는 끊임없이 학습하는 조직으로서 자신과 조직의 발전을 위해
   쉼없이 노력하며, 궁극적으로는 세계적 컨텐츠 그룹을 지향한다.

一. 우리는 정신적, 물질적으로 최고 수준의 복지를 실현하기 위해 노력하며,
   명실공히 초일류 사원들의 집합체로서 부끄럼없이 행동한다.

Our Vision   한언은 컨텐츠 기업의 선도적 성공모델이 된다.

저희 한언인들은 위와 같은 사명을 항상 가슴 속에 간직하고
좋은 책을 만들기 위해 최선을 다하고 있습니다.
독자 여러분의 아낌없는 충고와 격려를 부탁드립니다.

- 한언가족 -

HanEon's Mission statement

Our Mission

一. We create and broadcast new knowledge for the advancement and happiness of the
   whole human race.

一. We do our best to improve ourselves and the organization, with the ultimate goal of
   striving to be the best content group in the world.

一. We try to realize the highest quality of welfare system in both mental and physical
   ways and we behave in a manner that reflects our mission as proud members of
   HanEon Community.

Our Vision   HanEon will be the leading Success Model of the content group.